ESSAIS

DE

CULTURE PASTORALE EN ALGÉRIE

ET

MOYENS D'AMÉLIORATION

DE SES RACES BOVINES ET OVINES

OBSERVATIONS ÉCRITES A LA SUITE DE DEUX VOYAGES EN ALGÉRIE
EN 1855 ET 1860

PAR M. FOURNIER

ANCIEN CULTIVATEUR
VICE-PRÉSIDENT DE LA SOCIÉTÉ D'AGRICULTURE DE MEAUX
MAIRE DE MEAUX
MEMBRE DU CONSEIL GÉNÉRAL DE SEINE-ET-MARNE

MEAUX

IMPRIMERIE A. CARRO.

—

1861

OBSERVATIONS

A LA SUITE DU VOYAGE DE 1855 (1).

Je ne puis répondre aux questions qui m'ont été adressées que pour une partie du territoire algérien. Je n'ai parcouru que les provinces de Constantine et d'Alger, le temps m'a manqué pour visiter celle d'Oran. Mais c'est plus particulièrement dans le cercle de Constantine que j'ai pu bien voir, grâce à la complaisance d'un officier qui m'a fait visiter un grand nombre de troupeaux.

Dans la province d'Alger, livré à moi-même, et n'entendant pas la langue arabe, j'ai eu plus de peine à me renseigner : il m'a cependant été permis de recueillir

(1) Ces observations, insérées en 1856 dans le *Moniteur de l'Agriculture*, et dans le *Journal de Seine-et-Marne*, étaient une réponse à diverses questions faites à l'auteur par M. Gareau, député de Seine-et-Marne.

quelques détails intéressants de la bouche de M. le Maréchal gouverneur, qui s'intéresse beaucoup à l'agriculture et qui apprécie spécialement les services que peut rendre la race ovine. Je devais aussi à l'obligeance affectueuse de M. Yvard une lettre pour M. Bernis, vétérinaire principal de l'armée, qui a bien voulu m'accorder, à plusieurs reprises, quelques heures d'entretien ; il m'a montré les échantillons des différentes espèces de laines produites dans tous les cercles de l'Algérie, et des toisons provenant des moutons de Lagouath, appartenant au gouvernement et tondus en 1856.

Le troupeau de Lagouath n'a pas été composé au hasard ; les brebis ont été choisies une par une dans un grand nombre de cercles, et les béliers viennent de Rambouillet.

M. Bernis, après de sérieuses études sur le genre de culture qui convient le mieux à l'Algérie, pense que la production du bétail doit y être la base de toute opération sérieuse, et il compte sur l'espèce ovine produisant des laines améliorées pour établir la prospérité future de la colonie.

M. Bernis connaît parfaitement l'Algérie ; c'est un homme très-intelligent et très-pratique, qui peut rendre de grands services si le gouvernement lui fournit les éléments nécessaires.

Après avoir répondu aux questions qui m'ont été posées, j'exposerai les moyens qui pourraient être facilement employés, à mon avis, pour améliorer la race ovine, et pour faire produire à la fois à la colonie toute la laine que nous allons aujourd'hui chercher à l'étranger, et une quantité de viande assez importante pour venir en aide à l'alimentation de la mère patrie.

On m'a demandé sur quels points principaux se trouvait la race ovine. Les moutons sont peu nombreux le long de la mer, les troupeaux importants n'existent qu'à une distance de 50 à 60 kilomètres, dans l'intérieur des terres et jusque dans le désert.

La richesse ovine, d'après les documents connus, est évaluée à 10 millions de têtes sur toutes nos possessions. Il résulterait d'autres renseignements pris auprès de personnes qui connaissent très-bien le pays, que, dans la province de Constantine seulement, depuis la mer jusqu'au désert, il existe 9 millions de têtes ; en ajoutant 6 millions pour la population des provinces d'Alger et d'Oran, on trouverait 15 millions au lieu de 10.

Le prix de la toison varie de 1 fr. à 1 fr. 50 cent. ; jamais plus. Les meilleures laines se trouvent dans la province de Constantine ; la qualité des laines de la province d'Alger vient ensuite, et, en troisième ordre, la production de la province d'Oran.

Dans la province de Constantine, les meilleures laines se trouvent chez les Arectas, les Abd-el-Nour et sur les hauts plateaux du haut Roumel. Dans le même troupeau il y a des animaux qui portent de la laine à carde et d'autres de la laine à peigne ; on trouve même quelquefois sur le même animal les deux sortes de laine.

Les hauts plateaux sur lesquels la chaleur est moins forte et où, par conséquent, il n'y a pas manque total de nourriture, sont les localités les plus convenables à la production de la laine la moins inférieure. On ne rencontre guère les moutons à grosses queues que dans la province de Constantine; la laine de ces moutons diffère peu de celle des moutons ordinaires.

M. Bernis dit, dans un de ses ouvrages, qu'on acheta, il y a dix ans, pour Tunis, un troupeau de mérinos destiné à l'amélioration de la race. Ces régénérateurs ont produit de bons effets dans la Régence et il est probable que les tribus voisines de Tunis ont acheté des moutons provenant des races améliorées.

Dans tous les cas, et en général, les Arabes n'attachent aucune importance à la production de la laine; on trouve simultanément dans presque tous les troupeaux des laines à courtes et à longues mèches, des laines fines, grossières et même jarreuses; quelques-unes même ressemblent à du crin ou à du poil de chèvre.

Les moutons dans la province de Constantine, et probablement dans les deux autres, sont enfermés la nuit dans l'intérieur des douairs; ils passent la journée dans les pâturages avoisinants; les troupeaux comptent seulement de 50 à 250 têtes, suivant la richesse et l'importance du douair; tous les animaux sont pêle-mêle : les brebis, les béliers, les moutons castrés, les agneaux de tout âge.

Les agneaux, qui naissent pour la plus grande partie en novembre et en décembre, ne sont tondus qu'aux mois d'avril ou de mai de leur deuxième année. Les plus jeunes ont donc un an, les plus âgés près de deux ans, lorsque la tonte a lieu pour la première fois.

Les béliers conservés ne sont choisis qu'en raison de leur

taille, les Arabes s'inquiétant très-peu de la laine et de la régularité des formes; c'est très-souvent celui qui donne la laine la plus commune qui est chargé de la reproduction du troupeau. L'accouplement est abandonné au hasard; il y a, dans le douair, un nombre considérable de béliers auquel il faut ajouter celui des agneaux de dix mois qui ne sont pas encore castrés et qui reproduisent; on ne peut donc pas, avec une semblable incurie, avoir de bons animaux; les agneaux étant castrés et tondus aussi tardivement, ces opérations nuisent beaucoup au développement de la taille et à la qualité de la laine.

Il est encore un autre usage qui pèse fâcheusement sur le développement de l'espèce ovine : les Arabes se servent du lait des brebis pour leur nourriture, ils sèvrent donc l'agneau de trois à cinq semaines après sa naissance, suivant qu'ils ont plus ou moins besoin de lait.

La tonte se fait à l'aide d'une faucille à couper le blé ou avec un couteau; il reste sur l'animal le tiers de la longueur de la mèche lorsqu'elle est longue, et la moitié si elle est courte. Cette manière de procéder à la tonte, jointe au retard apporté à l'opération pour les agneaux, est la cause probable du jarre qui se produit dans presque toutes les laines de l'Algérie.

La province de Constantine convient mieux sans doute à la race ovine que la province d'Alger; néanmoins, nous croyons qu'une expérience importante doit être de préférence entreprise dans le département principal, où la surveillance de l'autorité supérieure est plus facile.

La province d'Alger possède 3 millions de moutons;

soit 1 million de brebis; il suffirait d'établir 100 dépôts de 150 béliers chacun pour être complétement maître de la production.

L'administration dispose de terrains vagues considérables; elle pourrait donner, sur divers points, 100 concessions de 200 hectares chacune à autant de colons qui deviendraient chefs de dépôts de béliers, à la charge par eux d'établir une bergerie, une maison d'habitation et une cour close de murs ou de palissades.

Cette avance de fonds garantirait l'État de la bonne gestion des concessionnaires.

Chaque propriétaire chef de dépôt serait chargé de l'inspection de 10,000 brebis reparties dans les douairs les plus voisins de sa bergerie; il aurait la responsabilité des 150 béliers à lui confiés par l'administration.

Comme les indigènes sont assez intelligents pour comprendre leur intérêt, le chef de dépôt, aidé des bureaux arabes de l'administration générale, parviendrait à donner 1 bélier à 75 brebis à une époque régulière; il veillerait à ce que la castration soit faite dès que les agneaux ont atteint six semaines ou deux mois, à ce que le sevrage soit plus tardif, à l'établissement d'abris dans les douairs; il engagerait enfin les propriétaires à se débarrasser des béliers et des animaux impropres à la reproduction, il obtiendrait même, sans doute, par ses conseils et en prêchant d'exemple, que les indigènes se décidassent à conserver pour les temps difficiles des provisions d'herbes qui, dans ce pays, peuvent être très-facilement mises en meules.

L'emploi de chef de dépôt des béliers serait confié à des

hommes instruits, capables, et surtout praticiens; ils seraient donc convenablement rétribués; leurs appointements
annuels s'élèveraient pendant six années à 2,000 francs;
plus pendant quinze années, 10 p. °/₀ sur la plus value de la
vente des laines produites par leurs béliers; ils auraient
en outre le bénéfice de leur exploitation agricole et celui
des brebis qu'ils seraient libres d'élever.

Cette organisation ne coûterait pas aussi cher qu'on
pourrait le croire.

Une dépense totale de six millions suffirait pour améliorer complétement la race ovine de toute l'Algérie et pour
assurer, par conséquent, la prospérité de la colonie.

Deux millions suffiraient pour la première année; les
quatre autres millions suffiraient aux dépenses pendant
les cinq autres années.

Voici comment nous comprendrions notre budget:

Dépenses annuelles pendant 6 ans :

100 Colons, chefs de dépôt, à 2000 fr. .	200,000 fr.
100 Bergers, à 1000 fr.	100,000
Nourriture de 15,000 béliers, à 0 fr. 10 c. par jour, en dehors du pâturage fourni par les fermes.	450,000
Total par an. . . .	750,000
Pour six ans	4,500,000

Dépense à faire une fois :

Achat immédiat de 15,000 béliers métis-mérinos, à 100 fr. l'un.	1,500,000
Total. . . .	6,000,000 fr.

Voyons maintenant le budget des recettes :

Nous avons dit que la province d'Alger nourrissait 1 million de brebis et 2 millions de moutons de divers âges. Ces 3 millions de têtes se vendent aujourd'hui sur le pied de 1 fr. 25 c., en moyenne, par toison, au total 3,750,000 fr.

L'établissement des dépôts ne produirait pas d'effet sur la vente des laines pendant la première année, mais, à la seconde année, 600,000 toisons seraient vendues avec une plus value de 75 centimes, et produiraient lors de la vente une augmentation de 450,000 fr.; la troisième année 1,200,000 toisons augmenteraient la vente de 900,000 fr.; avec 600,000 toisons de plus ce serait à la quatrième 1,350,000 fr.; à la cinquième 1,800,000 fr.; à la sixième 2,250,000 fr.; à l'expiration des 6 années, la plus value encaissée à la vente serait donc de. . 6,750,000 fr.

Il faut également tenir compte de l'accroissement en viande, des moutons améliorés, qu'on ne peut évaluer à moins de 1 kil. 50 à 2 kil. par tête et par an, évalués en argent 1 fr. le kil., soit, au bout de 6 ans, 5 à 6 kil. en moyenne par tête, et en argent 5 à 6 fr.

3 Millions de moutons à 5 f. 50 c. . 16,500,000 fr.

L'accroissement de la fortune coloniale serait donc en 6 ans de. . . . . . . 23,250,000 seulement pour la province d'Alger.

A l'expiration des six années, le gouvernement n'aurait plus à payer que les 10 p. °/₀ sur la plus value de la vente des laines ; mais il rentrerait facilement dans cette somme par la plus value des impôts.

L'interruption de leurs appointements fixes ne dégagerait pas les chefs de dépôts ; ils conserveraient les bénéfices de leur exploitation agricole et leur part sur la plus value pendant tout le temps que l'administration jugerait nécessaire pour la propagation des races améliorées. Ces colons dépositaires donneraient en Algérie, sur leurs 200 (1) hectares, l'exemple de la culture améliorée, ils apprendraient aux indigènes comment on obtient du froment et des prairies artificielles sans employer un nombre considérable de bras. On sait que les bras manquent en Algérie ; la culture pastorale est la seule qui puisse aujourd'hui s'établir et prospérer. Nous n'entendons pas parler de quelques terres exceptionnelles auprès des villes, qui supportent aujourd'hui une exploitation plus avancée.

Les moyens que nous indiquons ne sont pas, on le voit, très-compliqués, ils consistent dans la création de fermes, dépôts de béliers choisis, nous croyons qu'ils sont applicables, et que s'ils étaient appliqués, douze années suffiraient pour améliorer complétement toute l'espèce ovine des trois provinces.

Nous avons dit qu'il y avait dans toute la colonie 15 millions de moutons. Au bout de 6 ans, en donnant à la laine une valeur qui ne peut pas être moindre de 3 fr. par toison améliorée, cela produit 45 millions ; en y ajoutant l'augmen-

---

(1) Les deux cents hectares ne doivent servir que pour les troupeaux de brebis et la culture du chef de dépôt. Si on devait nourrir les brebis amenées pour la lutte il faudrait augmenter le nombre d'hectares.

tation du poids des animaux que nous estimons, en moyenne et compte fait des moutons de tout âge, à 5 ou 6 kil. par tête, soit 5 fr. 50 c. sur 15 millions, on trouve 82 millions 500,000 fr. Total 172 millions 500,000 fr. de ressources annuelles que l'Algérie peut donner à la France, au lieu des avantages insignifiants qu'elle produit aujourd'hui.

La création de fermes, dépôts de béliers, m'a semblé une mesure facile et utile, c'est ce qui m'a déterminé à rendre publiques mes idées sur cette question dans laquelle je n'ai aucun intérêt personnel.

OBSERVATIONS

A LA SUITE DU VOYAGE DE 1860.

———

1° CULTURE. 2° ESPÈCE BOVINE 3° ESPÈCE OVINE.

Lors de mon second voyage en Algérie, au printemps de 1860, j'ai été attristé de retrouver un aussi beau pays dans la même position que quatre années auparavant, alors qu'il serait si facile au gouvernement Français de faire, et en très-peu de temps, changer la face des choses.

Le discours de l'honorable M. Randoing au Corps législatif, et la réponse de M. le Commissaire du Gouvernement, lors de la dernière discussion du budget de l'Algérie, ont réveillé en moi les idées que je vais essayer de rassembler, concernant : 1° La culture, 2° l'élève des bestiaux, 3° et l'amélioration de la laine.

Avant de commencer mon exposé, qu'il me soit permis de dire que je ne suis pas tout à fait d'accord avec M. le Commissaire du Gouvernement pour la culture du coton :

il n'y a pas en Algérie assez de bras, et il n'y a pas de terres en bon état de culture pour cette production.

Ce qu'il faut donc, c'est employer les bras, l'argent et les terres à faire des élèves de bestiaux, des céréales, des pommes de terre, et des prairies artificielles, en un mot de la culture pastorale. Ce genre de culture rendra beaucoup plus de services à la société, et on arrivera plus tôt par son moyen aux cultures industrielles que je ne rejette assurément pas à toujours, mais qui, à mon avis, doivent être remises à plus tard. Par plus tard j'entends, lorsqu'il y aura des terres en bon état de culture, de l'argent, des bras, et des routes qui ne se défoncent pas en hiver, au point que dans cette saison le prix du transport de Philippeville à Constantine est usuellement de 40 fr. la tonne, souvent plus élevé, quelquefois même impossible. Je ne parle pas des transports au-delà de Constantine, on sait que de ce côté, il n'y a plus de routes, mais seulement quelques tronçons commencés, et qui sont souvent plus impraticables que les chemins de terre.

1º Culture.

Pour arriver promptement à faire de bonne culture, il faut que les Colons et les Arabes prennent de plus petites étendues de terre ; qu'ils commencent par ramasser les pierres, arracher les mauvaises plantes ; puis que, dans le courant de l'année qui précède l'ensemencement, ils donnent trois façons de labour dont un profond, après chaque labour un roulage et un hersage. Par ces moyens, la terre sera toujours cultivable même par les plus grandes sécheresses. Puis, au mois de novembre ou décembre, on ensemencera les céréales. Avec cette culture, la terre donnera quatre fois plus que par la culture Arabe, et les céréales ne brûleront pas comme cela arrive trop souvent lorsque la terre n'a reçu qu'un grattage. Après deux ou trois années de céréales, blé, orge, avoine, pommes de terre, il sera possible de faire des prairies artificielles, des trèfles de différentes sortes, menues graines, telles que pois, dragées de Champagne, jarras, toutes plantes que l'on peut récolter soit en vert pour les bestiaux, soit en graines pour la vente, ou pour les bestiaux encore lors des moments de disette d'herbes. Ces récoltes en vert n'altèrent pas la terre, elles la préparent pour les céréales, elles donnent trois à quatre fois plus d'herbe que les prairies non cultivées, et elles entretiennent la terre en état de propreté, tandis que les plantes qui poussent naturellement la salissent beaucoup.

Je viens de parler de labour profond, un seul, ai-je dit, est suffisant par année, il suffit en effet, mais il faut une profondeur de raie de 30 centimètres; pour le deuxième, il faut de 15 à 20 centimètres; pour le troisième, de 10 à 12 centimètres; puis, après chaque labour un roulage et un hersage.

Après cinq à six années de bonne culture, lorsqu'il n'y aura plus de mauvaises herbes, on pourra ensemencer des luzernes qui donneront quarante quintaux par hectare, et pourront se conserver pendant dix à douze ans. Elles per-

mettront de nourrir, en toute saison, le bétail dont je parlerai tout à l'heure. Après les luzernes on aura des terres
neuves et en bon état de culture, pouvant facilement
donner 25 hectolitres de céréales à l'hectare et 25 quintaux de paille, tandis que les terres labourées au système
Arabe ne rapportent que six à huit hectolitres de céréales
et pas de paille, quand le battage se fait par les chevaux.

Au fur et à mesure qu'on mettra plus de terres en culture, il sera plus facile de posséder un nombre d'animaux
plus considérable. On croirait au premier abord que plus on
met de terres en culture, et moins par conséquent il en reste
en herbage, moins aussi il y doit y avoir de bestiaux; c'est
tout le contraire qui est vrai. Plus un pays est avancé en
culture, moins il y a de jachères, plus il y a de bestiaux,
témoin l'Angleterre, et la France dans ses parties bien cultivées.

J'ai dit également qu'avec de profonds labours, les céréales ne brûleront pas, en fait j'en ai eu l'expérience, cela
au surplus se comprend parfaitement. La racine de la
céréale pouvant s'enfoncer dans le sol, y rencontrera de
l'humidité que les rosées y apportent; par suite la céréale
étant plus forte, le soleil a moins d'accès jusque sur le sol.
Enfin, avec la méthode arabe, lors des ensemencements le
blé trouve la terre à peine assez retournée pour s'y cacher,
beaucoup de grains sont enlevés par les oiseaux ou pourris-
sent, ce qui tend à avoir des blés moins fournis, partant
plus accessibles au soleil. Le labour profond sauve encore
de ce dernier inconvénient.

Plus tard, dans 15 ou 20 ans, lorsque la location de

la terre sera augmentée, qu'on aura plus de bestiaux et particulièrement de moutons, par les moyens que je vais proposer, il sera possible d'abandonner les jachères, mais à la condition de mettre des fumiers, de donner à la terre des façons en temps utile, et enfin à la condition d'alterner les récoltes afin de ne pas épuiser la terre ; on sait en effet que chaque plante y prend des sucs différents, et la même plante des sucs toujours les mêmes. Mettez trois récoltes de céréales de suite dans la même terre, même en très-bon état de culture les trois années, la première année vous aurez une bonne récolte, la seconde une moindre, et la troisième une récolte à peu près nulle.

C'est à l'époque dont dont je parle que l'on pourra faire des plantes industrielles : Le coton, le tabac, l'indigo, la cochenille et beaucoup d'autres ; on pourra alors cultiver avec plus de profit, par ce qu'avec les bonnes récoltes, le cultivateur gagnera de l'argent , et que la prospérité amènera des bras et les instruments agricoles nécessaires.

2° Race bovine.

J'aborde les moyens d'amélioration des races d'animaux en Algérie, et je commence par la race bovine quoiqu'il y ait, à mon avis, moins à faire pour elle que pour la race ovine de laquelle nous tirons, en six ans, six récoltes de laine plus la valeur de l'animal.

Dans la race bovine, nous travaillons pour la viande et

2

aussi pour le lait, car, quoique cette dernière branche de produit ait moins d'importance que la première, nous ne faisons pas moins d'attention à tous les soins qu'il faut prendre pour avoir des animaux donnant plus de lait.

La race bovine d'Algérie est assez belle de formes, mais elle laisse à désirer sous le rapport de la taille et du lait. Il serait d'autant plus utile d'avoir des vaches donnant plus de lait que, dans l'état des choses les Arabes emploient celui de leurs brebis pour leurs besoins journaliers, alors qu'il serait cependant bien important pour l'agneau que rien ne fût prélevé sur sa nourriture, dans les premiers mois de son existence. Il ne sera possible d'arriver à bien pour la race ovine que lorsque, par des croisements dans la race bovine, on sera parvenu à avoir des vaches plus laitières.

La culture a aussi besoin de bœufs plus gros que ceux qui existent. D'abord un bœuf d'une certaine grosseur est plus fort pour la charrue ; par suite il est possible d'en mettre moins après la charrue, et il y a moins de difficulté à labourer, par conséquent, moins d'hommes, moins de main d'œuvre.

J'ai remarqué en Algérie des animaux de deux grosseurs, les petites espèces d'un côté, et de l'autre la grosse, qui n'est en réalité qu'une espèce de taille moyenne. Les premiers pesant de 150 à 200 kil., à l'âge de 4 à 5 ans, l'autre de 350 à 400 kil., au même âge.

Pour arriver à l'amélioration de ces races, les moyens à employer, à mon avis, sont les bons conseils et des facilités que donnerait le Gouvernement, en se procurant des reproducteurs de la race bovine d'une bonne conformation sans être trop gros. Il faudrait avoir des dépôts de taureaux, comme nous avons des dépôts d'étalons chevaux, et engager les propriétaires d'animaux de race bovine à ne pas conserver de taureaux. Pour qu'ils s'y déterminent, il est, bien entendu, nécessaire d'avoir des reproducteurs à portée des vaches. Les moyens que je vais indiquer pour la race ovine, pourraient être utilisés également pour la race bovine ; il serait facile, en effet, de placer des taureaux reproducteurs dans chacun des dépôts de moutons, dont je parlerai dans un moment. Il suffirait d'une dizaine de beaux reproducteurs, d'une étable avec dix stalles et de deux gardiens ; quant au matériel, il ne serait pas considérable.

Je pense que les races d'Algérie feraient de beaux produits en les croisant, la petite espèce avec la race d'Ayr, et la grosse avec des Charolais. Au moyen de bons conseils et de grandes facilités pour faire arriver les vaches à l'établissement, je ne fais pas de doute qu'en peu d'années, il y aurait de grands changements. Déjà, à l'heure qu'il est, des moutons, et surtout des bœufs, sont importés d'Algérie en France. D'ici à peu d'années nous aurons besoin de nous en approvisionner davantage, et d'autres pays en tireront aussi de leur côté, car la consommation de la viande va tous les jours en augmentant.

3º Race ovine.

J'ai dit, dans la première partie de ce travail, que c'est par la culture pastorale que l'on pourrait améliorer la culture de l'Algérie ; qu'il était nécessaire de faire beaucoup de nourriture pour élever beaucoup de bestiaux. Eux seuls, avantage précieux dans un pays neuf et où les transports sont coûteux et difficiles, se transportent d'eux-mêmes dans les villes de consommation, et dans les ports pour y être embarqués. Puis, c'est avec des bestiaux seulement qu'on rend à la terre ce que les récoltes lui prennent; c'est donc, par toutes ces raisons, les élèves qu'il faut surtout conseiller aux Colons et aux Arabes.

La race ovine doit être préférée pour les améliorations à faire, d'abord parce qu'elle est la plus arriérée, en second lieu parce qu'elle donne des laines qui, améliorées, seront recherchées de toute l'Europe. En très-peu d'années, par cette seule branche de produits, l'Algérie pourrait se suffire à elle-même, et, lorsque par les bestiaux elle aura été mise à même de faire aussi des cultures industrielles, elle pourra facilement rendre à la France, en impôts, en approvisionnements, en produits, ce qu'elle a coûté depuis 1830.

La race ovine en Algérie laisse peu à désirer sous le rapport de la taille, il n'en est pas de même des formes.

Les hauts plateaux lui sont surtout favorables, et il y aurait très-peu à faire pour obtenir plus de poids, et surtout des formes propres à la boucherie. Pour la laine, il y a beaucoup plus à faire. Je passe sur les causes, elles sont déduites dans mon article de 1856, et depuis rien n'est changé dans la masse : les troupeaux y sont encore ce qu'ils étaient en 1855. Quelques lots, parmi les Colons, ont pu être améliorés par l'introduction de mérinos, mais c'est surtout aux Arabes, seuls possesseurs, à peu de chose près, des troupeaux, qu'ils faut s'adresser. L'amélioration des laines viendra surtout par les reproducteurs, par les soins d'éducation apportés aux troupeaux, et par l'amélioration même de la culture. C'est, par' exemple, avec la culture que disparaîtra le chardon qui est une cause de dépréciation de la laine (1).

En 1856, je conseillais les dépôts de reproducteurs entre les mains de personnes auxquelles on donnerait un intérêt dans la plus value des laines. Je conseillais aussi d'améliorer par province, en commençant par celle d'Alger. Aujourd'hui, après mures réflexions, je pense que c'est le Gouvernement qui devrait s'occuper seul de cette grande et intéressante régénération, et qu'il doit agir en même temps dans toute la possession Algérienne. C'est au Gouvernement qu'appartient cette grande mesure, je le répète car cela me paraît important à raison des moyens qu'il est nécessaire de prendre, et que lui seul peut faire accepter ou plutôt imposer.

Voici quels seraient, suivant moi, ces moyens.

MOYENS D'AMÉLIORATION DE LA RACE OVINE.

Le gouvernement établirait un dépôt de béliers de 260 têtes, pour une circonscription de 20,000 brebis partagées en lots. Ce serait un bélier par 75 brebis (2).

---

(1) Le chardon s'introduit dans la laine. Il ne s'en va pas au lavage comme la terre, le sable, et jusqu'à présent nous n'avons pas de moyen mécanique pour l'extraire.

(2) On pourrait peut-être ne compter qu'un bélier pour cent têtes de brebis, attendu que, les brebis ne venant que par tiers, il y aurait un repos convenable. Ce serait alors 200 béliers seulement par dépôt de 20,000 brebis, au lieu de 260.

La lutte se ferait après la tonte, du 15 mars au 15 juin. Les brebis viendraient par tiers, et resteraient un mois avec les béliers. Les dépôts seraient pourvus d'assez de pâturage pour nourrir toutes les brebis que l'on recevrait à la lutte.

On n'admettrait que les brebis ayant au moins trois ans et pas plus de sept. Les brebis ou lots atteints de maladies contagieuses ne seraient pas reçus. Je pose cette condition que les brebis ne viendraient qu'après la tonte, afin qu'on puisse voir facilement si elles sont galeuses. Ce serait déjà un moyen d'amélioration de la laine à laquelle la gale fait un tort considérable ; car les propriétaires de troupeaux, ne pouvant plus faire admettre leurs brebis à la lutte qu'autant qu'elles seraient exemptes de maladies, entretiendraient beaucoup mieux leurs lots.

L'âge est aussi un point très-important ; une brebis qui produit, ou trop tôt, ou trop tard, ne fait qu'un agneau chétif et mal venant, il en est de même des mâles. Or, c'est un mal qui existe aujourd'hui pour tous les deux, dans presque tous les lots, puisque d'une part il y a constamment des béliers dans les troupeaux avec des brebis de tous âges, et que, d'autre part, les agneaux mâles, n'étant castrés qu'à un an, reproduisent avant cet âge. Ce sont-là de très-graves inconvénients, si grands même qu'il y aurait impossibilité d'amélioration si on les laissait subsister. Mais, disons-le tout de suite, il y a un moyen très-facile d'y remédier, c'est que le gouvernement interdise à tous les propriétaires de moutons de conserver aucun bélier, et leur prescrive d'opérer la castration de un à trois mois de la naissance, époque au surplus la plus convenable.

Les propriétaires de moutons qui voudraient avoir des béliers, devraient les présenter à l'administration, qui autoriserait leur conservation s'ils étaient convenables, et dans ce cas les ferait marquer comme reproducteurs autorisés.

Cette mesure serait maintenue pendant six années, autant que les dépôts. Ce serait le temps nécessaire pour écouler les vieilles brebis de la race présente.

A partir de la troisième année, les agnelles de première reproduction viendront à la lutte et produiront des agneaux de trois quarts de sang. Pendant deux années, de la quatrième à la cinquième année, on conserverait pour reproducteurs 5 à 6 p. %, des agneaux mâles, ceux des plus belles formes et de la laine la plus convenable dans chaque lot, et ensuite on laisserait les possesseurs de moutons agir à leur guise. Comme ils auront alors la preuve que les toisons doivent doubler de valeur, leur intérêt les guidera sur ce qu'ils auront à faire. Pas plus que les Colons, les Arabes ne sont insensibles au bénéfice.

J'ai pris des renseignements sur les lieux, on assure qu'il y a 12 millions de moutons en Algérie. Je crois que les dernières statistiques accusent 10 millions c'est sur ce chiffre que je vais établir la dépense qui, à mon sens, serait à faire par le gouvernement.

J'ai dit plus haut qu'après quatre ans la reproduction serait de 3/4 de sang pour les agnelles de la première année. J'ai dit aussi que les agnelles ne seraient reçues à la lutte qu'à trois ans. Pendant les quatre premières an-

nées nous n'aurons que du 1/2 sang ; la cinquième 1/6ᵉ
de 3/4 de sang (1) ; la sixième année 2/6ᵉ ; la septième 3/6ᵉ.
Il ne faudrait plus que trois années, c'est-à-dire atteindre
la dixième pour n'avoir plus que des 3/4 de sang. A cette
époque, tous les troupeaux de l'Algérie seraient régénérés.

PRODUIT COMPARÉ DES LAINES ACTUELLES ET DES LAINES QUE L'ON OBTIENDRAIT APRÈS LA RÉGÉNÉRATION DES TROUPEAUX.

J'arrive à comparer le produit des laines de l'Algérie aujourd'hui avec celui que l'on obtiendrait après la régénération des troupeaux.

Pour me faire mieux comprendre, je pose des chiffres.
Ces chiffres sont plutôt modérés qu'exagérés.

Les laines de l'Algérie se vendaient environ 1 fr. le kil.
en 1860 ; 75 à 80 c. à Biskra ; 90 c. à Batna ; 1 fr. à Constantine, et 1 fr. 10 à 1 fr. 20 c. à Philippeville.

La toison pèse 1 kil. 50 g. en moyenne.

Avec nos toisons 3/4 de sang, il sera facile de vendre
2 fr. le kil., et chaque toison en suint pèsera 3 kil.

Nos toisons de Brie, du Soissonnais, de la Beauce et de
la Picardie, pèsent 4 kil. 25 g., et le prix a été en moyenne,
ces dix dernières années, de 2 fr. 40 à 2 fr. 60 c.

En même temps que nous améliorons la laine par l'in-

---

(1) C'est, je l'ai dit, sur la quatrième et la cinquième année, que l'on
choisirait les plus beaux agneaux mâles. La reproduction de la septième
année se ferait par les agneaux de la cinquième, et la huitième, par ceux
de la cinquième et de la sixième année.

troduction de nos béliers, nous améliorons aussi les formes des produits, et augmentons le poids des animaux.

La toison se vend aujourd'hui en moyenne 3 francs ci. . . . .　3 fr.

Id. améliorée elle sera de 3 kil. à 2 fr.　6 fr.

Le supplément de poids du mouton sera de 6 kil. net ; avec la plus value donnée par les formes (1) on peut compter 12 fr. de supplément de prix acquis en 6 ans, temps de l'élève du mouton, soit par an 1/6 . . . .　2 fr.

Total. .　8 ci.　8 fr.

Différence en plus. . . . .　3 fr.

La race ovine étant évaluée à 10 millions de têtes, on vendrait donc aujourd'hui 10 millions de toisons à 3 fr., ci. . . . .　30,000,000 fr.

Après notre amélioration, tout compté, laine et accroissement de l'animal, 8 fr. par tête sur 10 millions de têtes. .　80,000,000 fr.

Différence en plus. . . . . . .　50,000,000 fr.

L'augmentation de la laine, la plus value du mouton

(1) Nos éleveurs s'appliquent à donner des formes plus convenables à leurs animaux ; par suite les gigots, les cotelettes se vendent à un prix plus élevés. Il a été nécessaire dans ce but de choisir des reproducteurs pouvant transmettre leurs formes à leurs produits. Les Anglais sont très habiles sous ce rapport : quoique moins avancés qu'eux, nous les suivons dans ces progrès, et sommes arrivés à avoir des animaux presque irréprochables.

auront pour conséquence une augmentation nécessaire des terres mises en culture.

Je ne porte ces dernières améliorations que pour mémoire.

Avec la plus value des toisons à partir de la deuxième année, sous l'empire des soins continués et des conseils donnés par le gouvernement, il est certain que, dans dix ans, le nombre des moutons sera doublé en Algérie. Si même nous calculions d'après le nombre qui existe dans les environs de Paris et qui est de trois têtes par hectare, l'Algérie, possédant 25 millions d'hectares, ce serait 75 millions de moutons.

Dans la première hypothèse 20 millions de moutons à 8 fr. comme ci-dessus donneraient. . 160,000,000 fr.

Le revenu actuel étant de. . . . 30,000,000 fr.

La différence serait de. . . . . 130,000,000 fr.

Dans la seconde hypothèse, et si elle n'arrive pas dans 10 ans, elle arrivera certainement dans 20 ans, nous aurions 75 millions de moutons à 8 fr., ci. . 600,000,000 fr.

Le revenu actuel étant de 30 millions, ci. . . . . 30,000,000 fr.

La différence serait de. . . . . 570,000,000 fr.

J'abandonne ce dernier chiffre pour revenir à celui de 130 millions fr. dont la fortune publique s'accroîtrait en Algérie dans l'espace de dix années.

Je laisse aux hommes pratiques et intelligents établis ou qui s'établiront dans ce grand pays, la tâche de continuer, après les dix premières années, à améliorer les terres et à augmenter le nombre des bestiaux, ce sont deux choses qui se tiennent. Il faut des animaux pour faire de bonne culture, et la bonne culture, à son tour ne se fait pas sans que le nombre des animaux s'accroisse.

DÉPENSES A FAIRE PAR LE GOUVERNEMENT.

Il s'agit à présent de déterminer la dépense présumée que notre projet occasionnerait pour le Gouvernement.

Pour cela, il faut d'abord connaître le nombre des brebis en état de reproduire, et nous l'obtenons par les chiffres suivants :

Nombre des moutons en Algérie, 10 millions.

En supposant la moitié de brebis c'est	5,000,000	
De quoi il faut déduire les 3 premiers âges sur 7 ans, soit les 3/7ᵉ en chiffres ronds. . . .	2,150,000	
Puis, pour brebis hors d'état d'être amenées à la lutte à raison de leur mauvaise conformation, les galeuses et celles au-dessus de 7 ans et non en état de reproduire .	850,000	
Total à déduire.	3,000,000 ci.	3,000,000
Resterait . . .		2,000,000

C'est donc sur 2,000,000 de brebis en état de reproduire qu'il nous faut compter.

J'ai dit qu'il faut 1 bélier pour 75 brebis; que nous aurions ainsi besoin de 26,000 béliers, et qu'il serait nécessaire de les repartir en cent dépôts, ce qui ferait des circonscriptions de 20,000 brebis. Les dépôt seraient placés autant que possible au centre de la circonscription des 20,000 brebis.

Chaque propriétaire de moutons saurait à quelle circonscription son lot de brebis appartient, et à quel dépôt il doit le conduire. La lutte, ainsi que je l'ai exposé, durerait trois mois et toujours après la tonte du 15 mars au 15 juin. Les brebis resteraient quatre semaines avec les béliers, il y aurait donc environ 6,000 brebis en même temps à la lutte. Chaque dépôt devrait avoir 12 à 1,500 hectares en bons pâturages pour ses besoins.

Comme personnel, il faudrait par dépôt :

1 Chef de dépôt ;

2 Maîtres bergers ;

2 Aides ;

3 Gardes de la propriété.

Comme matériel, il faudrait :

1 Bâtiment pour loger le personnel ;

2 Hangars pour contenir 500 têtes ;

2 Cours fermées de murs.

Pour donner tous les jours aux béliers, on aurait une fourniture d'orge, et aussi des fourrages secs pour être en mesure au cas d'une disette d'herbes.

Par motif d'économie, j'engagerais le gouvernement à prendre des militaires pour tout le service des dépôts.

Afin de parer à la mortalité, il serait nécessaire d'acheter 30,000 brebis pleines qui, la première année, donneraient 15,000 agneaux mâles, sur lesquels en faisant un rebut de 2,000, il resterait 13,000 béliers pouvant reproduire à 8 mois.

Pour arriver au chiffre nécessaire de 26,600 béliers, on n'aurait plus à en acheter que 13,000.

Avec les brebis dont je viens de parler, on aurait, tous les ans, un produit d'élèves, et en supposant, tant sur les brebis que sur les béliers et les agneaux, la mortalité d'un 10e, et en faisant la part des brebis qui ne produiraient pas, on aurait encore à vendre tous les ans en chiffres ronds 10,000 béliers et autant de brebis, en tout 20,000 têtes.

D'après ce qui précède, il y aurait dans chaque dépôt, pendant les trois mois de la lutte, environ 7,000 têtes, en comptant les béliers et le lot de brebis appartenant au gouvernement, et cela dans les mois d'avril et de mai, époque des herbes. J'ai dit que cent dépôts doivent suffire pour toute l'Algérie. J'explique que, dans les parties où les lots de moutons sont plus disséminés, on pourra faire, avec le dépôt, deux et même trois stations, et cela seulement au moment de la lutte, en se transportant alors sur des points différents, ce qui donnerait plus de facilités aux possesseurs de moutons.

J'ai pensé qu'un certain nombre de caravanserails déjà établis pourraient servir pour les dépôts sans beaucoup de depense. J'en suppose 40, il resterait 60 établissements à créer.

Ceci expliqué, je passe aux chiffres de la dépense.

Dépense de 1er établissement.

Achat de 13,000 béliers à 100 fr. . . .		1,300,000
30,000 brebis à 75 fr.		2,250,000
Bâtiments pour le personnel des employés, par dépôt.	30,000 fr.	
Hangars pour 500 moutons	20,000	
Total.	50,000	
60 dépôts à 50,000 fr. ci. . . .		3,000,000
Total. . . .		6,550,000 fr.

Les caravansérails pour le surplus.

La dépense immédiate de 1er établissement est donc de 6,550,000 fr.

Dépenses annuelles.

Le personnel par dépôt est composé de dix personnes, en prenant des militaires on n'aurait à donner qu'un supplément de solde.

A Reporter. . . .		6,550,000 fr.

REPORT. . . . 6,550,000 fr.

J'estime ce supplément à 5000 fr., somme largement suffisante.

100 dépôts à 5,000 pour personnel donneront . . . . . . 500,000 fr.

La fourniture de un litre d'orge par tête de mouton sur 60,000 moutons à 10 c. par tête et par jour, fait 6000 fr. soit pour 365 jours. 2,190,000

Fourrages secs pour parer aux neiges et aux grandes sécheresses, moitié de l'orge. 1,085,000

Total. 3,775,000

3,775,000 pour six années donnent. 22,650,000

Ensemble, dépense de 1er établissement et total des six années de dépense. 29,200,000

Dépenses imprévues 1/10e. . . . 2,920,000

Total. . . . . 32,120,000 fr.

Je me hâte de dire que la dépense n'atteindrait pas ce chiffre, parce que les produits annuels viendraient l'atténuer.

En somme, elle se trouverait réduite comme je vais l'établir. Il faut, en outre, se souvenir qu'elle ne se ferait qu'en six années, dont la première aurait à supporter 6,550,000 fr. de plus que les suivantes, à cause des frais de premier établissement.

Voici quelles seraient les déductions à faire sur la dépense :

Le produit de la laine du troupeau à compter pour 60,000 toisons, au minimum à 10 fr., fait par an 600,000 fr.

Et pour les six années	3,600,000
20,000 mâles et femelles, provenant du troupeau à vendre tous les ans comme reproducteurs, à 50 fr. la tête, donnent par an 1 million soit pour les six ans. . . . . , .	6,000,000
Le troupeau, après six ans, serait à vendre. 60,000 têtes, moitié béliers, moitié brebis, à 50 fr. chaque, ce serait encore.	3,000,000
Les constructions des dépôts avec perte de 50 p. %, soit 60 dépôts à 25,000 fr., ci. . . , ...	1,500,000
Ensemble des rentrées annuelles et recouvrements après les six années. .	14,100,000 fr.
La dépense était de.	32,120,000
La dépense effective est donc réduite à.	18,020,000 fr.

Tout le monde en France s'intéresse à l'Algérie. On est étonné et peiné que depuis 1830, après trente ans d'occu-

pation, toutes choses y soient encore à créer; que l'agriculture n'y connaisse encore que la gêne, que l'industrie
ait tant de peine à y prendre pied et à prospérer. Je suis
persuadé qu'on applaudirait à l'exécution d'une mesure
comme celle que je propose, en songeant aux résultats
qu'elle produirait.

Il faut le répéter, c'est par l'agriculture qu'un pays
comme l'Algérie peut prendre de l'essor, et c'est surtout
par l'amélioration des bêtes ovines que l'agriculture peut
s'y former et y réussir. C'est le mouton, on l'a déjà remarqué, qui a fait des merveilles dans l'agriculture anglaise ;
il en fera de plus frappantes en Algérie, où il y a bien
plus à faire.

J'ai prouvé que, dans un laps de dix ans, le revenu annuel, produit par les moutons, donnerait un excédant de
130,000,000 sur le revenu actuel. Si on se rappelle que
dans l'état des choses, et vu le peu de valeur de la laine,
une partie qu'on ne peut estimer à moins du quart reste
chez les Arabes; que l'emploi utile à la vente se réduit
ainsi certainement à 20 ou 22 millions on reconnaîtra que
j'ai porté ici pour le produit actuel un chiffre au-dessus
de la vérité, et que l'excédant de produit à provenir des
améliorations que je propose serait même supérieur au
chiffre que j'indique. Avec de bonnes qualités et de bons
prix, toute la laine serait recueillie avec soin et il n'y aurait plus de non-valeurs.

Voilà pour le revenu annuel.

Quant au total auquel atteindrait de ce même chef la

fortune publique en Algérie, je n'ajouterai qu'un mot encore et le voici :

Il ne faut pas oublier que le nombre des moutons devant doubler en dix ans, et chaque tête ayant acquis une valeur supplémentaire de 3 fr. en laine et 9 fr. au moins en poids de viande, au total 12 fr. au minimum, nous arrivons aux chiffres suivants :

20 millions de moutons à 30 fr., après l'exécution des améliorations. .	600,000,000 fr.
Aujourd'hui 10,000,000 de moutons à 18 fr.	180,000,000
Différence de la fortune publique du chef des bêtes ovines.	420,000,000 fr.
La France a importé de l'étranger, en 1860, en chiffres ronds, 53 millions de kil. de laine lavée, ci.	53,000,000 kil.
La différence de la laine non lavée est de 40 p. %, ci.	21,000,000
Au total.	74,000,000 kil.
Nos 20 millions de moutons, à 3 kil. donneront.	60,000,000 kil.
Sur quoi il faut déduire ce qui vient aujourd'hui d'Algérie en France , au plus.	10,000,000
Resterait.	50,000,000 kil.

Ce qui réduirait considérablement nos importations.

On voit l'étendue des résultats.

Quant aux résultats généraux dépendant de ceux-ci, il

serait superflu de s'y appesantir : c'est l'extension des cultures par la multiplication des engrais ; c'est, par l'extension des cultures devenue possible et profitable, le succès d'une immigration abondante, et aisée à nourrir avec l'accroissement des produits ; c'est l'industrie suivant le pas de l'agriculture et se rapprochant des masses de matières premières ; ce sont les routes, les chemins de fer devenus également possibles et profitables parce qu'ils rencontreront et des voyageurs, et des intérêts, et des marchandises ; c'est enfin, pour l'État, avec l'immense accroissement des fortunes et, par conséquent, de la matière imposable, un accroissement très-important de revenus à recueillir justement, par l'impôt, pour couvrir et au-delà les dépenses du présent projet qui, en définitive, n'auront constitué qu'une avance de fonds.

Tels sont les motifs, les vues qui m'ont déterminé à prendre la plume. C'est après mûre réflexion, c'est avec conviction qu'au nom de quelque expérience pratique, j'engage le Gouvernement à faire étudier le projet que je viens d'exposer. Encore une fois, *élève du bétail, amélioration des bêtes ovines* sur une grande échelle, tel est le point de départ et la grande affaire.

C'est cela seul qu'il faut aujourd'hui conseiller, cela seul qu'il faut aider, car c'est cela seul qui peut apporter la prospérité dans notre belle possession de l'Algérie.

Imprimé en France
FROC011628010720
24395FR00018B/542